So wird es gemacht:

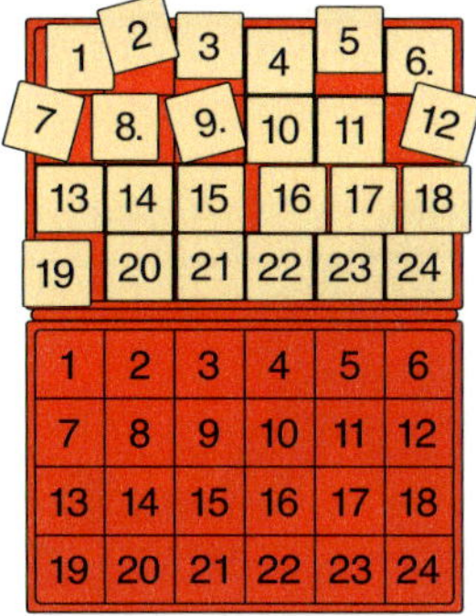

Öffne das LÜK®-Kontrollgerät und lege die Plättchen in den unbedruckten Deckel. Jetzt kannst du auf den Plättchen und im Geräteboden die Zahlen 1 bis 24 sehen.

Beispiel:
Seite 2 **Verschiedene Nomen**
Nimm das Plättchen 1
und lies Wort Nr. 1:

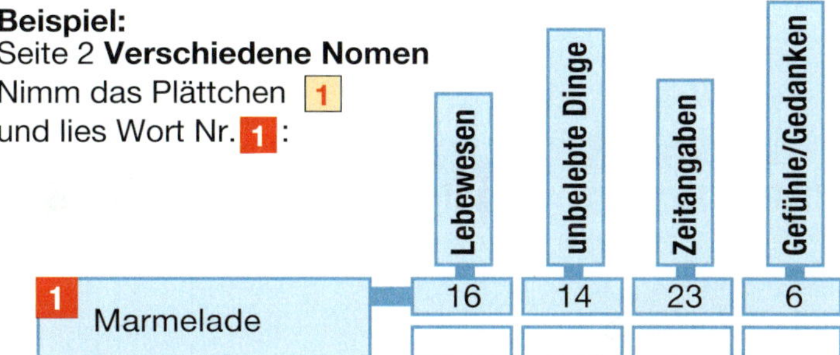

Zu welcher Gruppe gehört das Nomen?
Wähle zwischen Lebewesen, unbelebten Dingen, Zeitangaben und Gefühlen/Gedanken.
Das Wort ist ein unbelebtes Ding. Darunter steht die Zahl 14.
Das ist die Feldzahl, auf die du das Plättchen 1 legst.
Die Zahl 1 muss nach oben zeigen.

So arbeitest du weiter, bis alle Plättchen im Geräteboden liegen. Schließe dann das Gerät und drehe es um. Öffne es von der Rückseite. Wenn du das bei der Übungsreihe abgebildete Lösungsmuster siehst, hast du alle Aufgaben richtig gelöst.

Passen einige Plättchen nicht in das Muster, dann hast du dort Fehler gemacht. Drehe diese Plättchen da, wo sie liegen, um, schließe das Gerät, drehe es um und öffne es wieder. Jetzt kannst du sehen, welche Aufgaben du falsch gelöst hast. Nimm diese Plättchen heraus und suche die richtigen Lösungen. Kontrolliere dann noch einmal.
Stimmt jetzt das Muster?

Das System ist für alle Übungen gleich:
Die roten Aufgabennummern 1 im Heft entsprechen immer den LÜK-Plättchen 1 aus dem Kontrollgerät.
Die schwarzen Zahlen hinter den Lösungen sagen dir, auf welche Felder des Gerätes du die Plättchen legst.

Und nun viel Spaß!

Verschiedene Nomen

Nomen sind Namen für Lebewesen, unbelebte Dinge, Zeitangaben oder Gefühle/Gedanken.

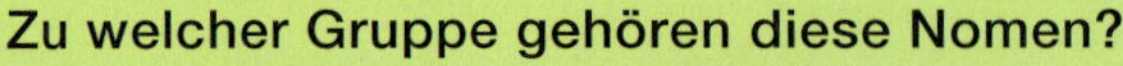

Zu welcher Gruppe gehören diese Nomen?

Nr.	Nomen	Lebewesen	unbelebte Dinge	Zeitangaben	Gefühle/Gedanken	Nr.	Nomen
1	Marmelade	16	14	23	6		
		4	11	20	19	13	Glück
2	Wochenende	12	20	16	18		
		21	5	9	16	14	Koala
3	Birnbaum	17	8	19	1		
		1	23	5	8	15	Motorrad
4	Urlaub	10	24	13	15		
		3	13	17	20	16	Stolz
5	Geiz	14	2	12	5		
		7	16	10	4	17	Morgen
6	Saatkrähe	15	19	2	22		
		22	17	24	10	18	Geburtstag
7	Verzweiflung	20	22	1	3		
		18	9	4	23	19	Stadtplan
8	Aktentasche	24	1	6	14		
		8	21	11	7	20	Fabrikant
9	Herbst	2	10	18	11		
		9	6	14	12	21	Enttäuschung
10	Tourist	6	12	21	24		
		13	3	22	9	22	Sekunde
11	Zufriedenheit	19	15	7	2		
		5	7	15	17	23	Führerschein
12	Porzellan	23	4	8	21		
		11	18	3	13	24	Präsident

Nomen oder Verb?

Wenn du vor einem Wort gebeugte Adjektive ergänzen kannst, handelt es sich um ein **Nomen**.
So geht das: 1 ein **RAUSCHEN** – ein lautes **Rauschen**

Ist das ein Nomen oder ein Verb?

		Nomen	Verb
1	Aus der Ferne hören sie nur ein RAUSCHEN.	3	16
2	Die Fluten RAUSCHEN durch das Tal.	23	1
3	Kühe und Schafe RUFEN durch die Nacht.	14	18
4	Das RUFEN der Tiere ist weit zu hören.	16	19
5	Aus dem Lautsprecher TÖNEN Warnsignale.	21	23
6	Das TÖNEN der Signale ist allen unheimlich.	14	5
7	Am Morgen SEHEN alle das Unheil.	12	19
8	Die Tiere DRÄNGELN zum Fressen.	10	21
9	Es gibt ein wildes DRÄNGELN.	5	8
10	Die Bewohner WARTEN auf Hilfe.	15	12
11	Aber das WARTEN macht ungeduldig.	10	13
12	Die Feuerwehrleute BAUEN kleine Dämme.	17	8
13	Dann FÜHREN sie das Vieh zu den Ställen.	4	15
14	Beim FÜTTERN geht es hektisch zu.	13	7
15	Die Kühe müssen zum MELKEN.	17	6
16	Melkmaschinen STEHEN bereit.	20	4
17	Das TRANSPORTIEREN der Milch wird zum Problem.	7	9
18	Es KOMMEN keine Lastwagen über die Brücke.	11	6
19	Das ÜBERFLUTEN hat die Brücke beschädigt.	20	2
20	Die Wassermassen SCHADEN dem ganzen Dorf.	22	9
21	Der SCHADEN ist größer als gedacht.	11	24
22	An die Versicherung gehen viele SCHREIBEN.	2	3
23	Alle MELDEN hohe Schäden.	1	22
24	Aber später LEBEN alle so weiter wie bisher.	18	24

Nomen suchen

Welches Wort ist ein Nomen?

1 Niemand darf über den RASEN 21 RASEN 22 .

2 Die meisten STIMMEN 13 STIMMEN 6 bei einer Wahl.

3 Viele Leute LEBEN 14 ihr LEBEN 18 , ohne zu geben.

4 An den ENDEN 22 ENDEN 2 alle Würste.

5 Büroangestellte SCHREIBEN 10 viele SCHREIBEN 6 .

6 Bei Katastrophen sollen die Leute SPENDEN 14 SPENDEN 17 .

7 Wir LADEN 5 im LADEN 2 viele Lebensmittel ein.

8 Regenwürmer REGEN 9 sich gerne im REGEN 10 .

9 Aus den ZAPFEN 17 der Tannen kann man nichts ZAPFEN 1 .

10 Im Herbst PFLANZEN 16 viele Leute viele PFLANZEN 5 .

11 Schiedsrichter PFEIFEN 20 mit PFEIFEN 9 .

12 Im REIFEN 1 REIFEN 24 keine Tomaten.

13 Hinter den Büschen SPINNEN 15 die SPINNEN 16 Netze.

14 SCHMERZEN 20 , die SCHMERZEN 7 , sind nicht zum Scherzen.

15 Sie BINDEN 23 elastische BINDEN 24 ans Knie.

16 Im Wald ROLLEN 8 die Baumstämme auf ROLLEN 15 .

17 Wer will immer nur auf ACHTEN 7 ACHTEN 3 ?

18 Alte SAGEN 23 SAGEN 11 uns viele Weisheiten.

19 Nicht KLINGEN 19, sondern schneiden sollen gute KLINGEN 8 .

20 Wenige VERMÖGEN 4 mit ihrem VERMÖGEN 3 Sinnvolles zu tun.

21 Bei einem BEBEN 11 BEBEN 12 alle Strände.

22 Die Sänger SINGEN 21 gerne in SINGEN 19 .

23 Eine Hose mit FALTEN 4 ist leichter zu FALTEN 13 .

24 Auf REIBEN 12 REIBEN 18 wir Gurken in Scheiben.

Nomen mit verschiedenen Nachsilben

So geht das: 1 drück ~~en~~ + er = **Drücker**

Aus Verbstamm + Nachsilbe entsteht ein neues Nomen.

Was passt am besten?

		-er	-nis
1	drücken	13	2
2	ergeben	21	5
3	begraben	18	16
4	sparen	2	11
5	säumen	19	21
6	begleiten	18	15
7	erleben	22	11
8	fahren	19	8
9	erzählen	15	24
10	wagen	1	22
11	ernähren	8	17
12	bedürfen	3	24
13	schalten	1	14
14	stecken	17	23
15	beobachten	3	4
16	ersparen	12	14
17	wählen	23	7
18	bedrängen	9	4
19	trüben	6	12
20	arbeiten	7	20
21	gleichen	10	9
22	kratzen	6	13
23	geschehen	5	20
24	ereignen	16	10

1	entfernen	-nis	24	-ung	23
2	bummeln	-ling	4	-ei	19
3	erben	-e	9	-sal	20
4	pflegen	-ung	13	-ling	24
5	fragen	-erei	4	-sal	17
6	verletzen	-ling	10	-ung	20
7	verzeichnen	-nis	13	-ling	3
8	ordnen	-ung	17	-e	18
9	scheuen	-ling	14	-sal	10
10	stärken	-ung	3	-nis	11
11	schwimmen	-e	7	-er	18
12	drucken	-erei	14	-nis	22
13	schmettern	-sal	12	-ling	11
14	führen	-ung	7	-nis	1
15	verbrauchen	-er	22	-ling	21
16	finanzieren	-sal	2	-ung	12
17	stecken	-ling	1	-nis	5
18	meckern	-ung	16	-erei	21
19	reden	-sal	8	-e	2
20	überweisen	-ung	5	-nis	6
21	säugen	-nis	15	-ling	16
22	rinnen	-sal	8	-er	23
23	hindern	-ling	19	-nis	6
24	bohren	-ung	15	-ling	9

Die vier Fälle

Nomen und Artikel können im Singular und im Plural in vier verschiedenen Fällen stehen.

Ergänze den bestimmten Artikel und das Nomen aus der Deklinationstabelle.

1 Kartoffeln und Gemüseabfälle schmecken (wem?) besonders?

2 Die Schwanzflosse (wessen?) dient ihm als Steuerung.

3 (Wer oder was?) baut sich ein Netz.

4 Wir hören (wen oder was?) im Stall grunzen.

5 Das Wasser dient (wem?) als Lebensraum.

6 Zur Beute (wessen?) gehören Fliegen und andere Insekten.

	Singular		
	Maskulinum	**Femininum**	**Neutrum**
Nominativ – 1. Fall wer oder was?	der Fisch	die Spinne 10	das Schwein
Genitiv – 2. Fall wessen?	des Fisches 8	der Spinne 7	des Schweines
Dativ – 3. Fall wem?	dem Fisch 3	der Spinne	dem Schwein 12
Akkusativ – 4. Fall wen oder was?	den Fisch	die Spinne	das Schwein 11

7 Im Herbst beobachten wir (wen oder was?) beim Weben der Netze.

8 (Wer oder was?) grunzen und quieken.

9 Die Menschen an der Küste fangen (wen oder was?) mit Netzen.

10 Die Netze (wessen?) eignen sich nicht zum Fischfang.

11 Manchmal gibt man (wem?) gekochte Kartoffeln zu fressen.

12 Auf dem Land gefällt es (wem?) gar nicht.

	Plural		
	Maskulinum	**Femininum**	**Neutrum**
Nominativ – 1. Fall wer oder was?	die Fische	die Spinnen	die Schweine 5
Genitiv – 2. Fall wessen?	der Fische	der Spinnen 4	der Schweine
Dativ – 3. Fall wem?	den Fischen 2	den Spinnen	den Schweinen 6
Akkusativ – 4. Fall wen oder was?	die Fische 9	die Spinnen 1	die Schweine

Die vier Fälle im Satz

In welchem Fall stehen die unterstrichenen Artikel und Nomen?

Nr.	Satz	Nominativ – 1. Fall wer oder was?	Genitiv – 2. Fall wessen?	Dativ – 3. Fall wem?	Akkusativ – 4. Fall wen oder was?
1	Den Kindern schmeckt die Schokolade.	9	21	14	19
2	Die Malerin sucht nach einem schönen Motiv.	18	24	6	21
3	Der Arzt gibt der Patientin eine Spritze.	13	11	18	22
4	Die Schuhe der Frau sind viel zu unbequem.	8	13	5	12
5	Wir gratulieren dem Rennfahrer zum Sieg.	24	4	9	18
6	Alexandras Ohrringe waren sehr teuer.	6	17	15	24
7	Der Apotheker verkauft auch Hustenbonbons.	11	15	3	6
8	Der Arbeitsanzug der Schlosserin war noch neu.	22	2	13	9
9	Die neuen Automodelle gefielen den Kunden.	1	5	21	20
10	Der Mann führt den Hund täglich aus.	17	3	23	10
11	Die Wahlsendung der Gerechtigkeitspartei fiel aus.	20	1	12	5
12	Die Raststätte gefiel uns gar nicht.	5	19	4	1
13	Der Geruch der Würste lockte alle Hunde an.	7	20	17	8
14	Der Erfolg war dem Künstler zu Kopf gestiegen.	14	10	24	3
15	Der Dirigent des Orchesters hatte alles im Blick.	15	22	1	13
16	Niemand wollte dem Politiker widersprechen.	2	6	19	23
17	Der Schularzt untersuchte alle Kinder.	12	7	20	2
18	Frau Meier konnte die Fahrkarte nicht finden.	4	14	22	16
19	Vater wusch die Wollpullover mit der Hand.	10	16	8	11
20	Rosina hatte sich das Schreibheft der Freundin geliehen.	16	8	11	14
21	Ein Wildschwein erschreckte die Wandergruppe.	3	23	16	7
22	Die Kühltruhe im Supermarkt war gut gefüllt.	23	9	2	17
23	Der Fahrer zeigte dem Polizisten seinen Führerschein.	19	12	7	15
24	Die Katze stahl einen Fisch vom Teller.	21	18	10	4

Personalpronomen im Singular und im Plural

Suche das passende Personalpronomen und den richtigen Fall.

Mark und Julia liegen am Strand und träumen in der Sonne. Das hatten die Eltern [1] ______ morgens erlaubt. Als ihre Eltern [2] ______ holen wollen, sind [3] ______ sich beide einig und erklären: „Es gefällt [4] ______ hier heute so gut. [5] ______ möchten noch etwas bleiben. Ihr könnt [6] ______ doch später abholen.“ Darauf antwortet Vater: „Das könnte [7] ______ so passen. [8] ______ solltet jetzt eigentlich mitkommen. Die Sonne wird [9] ______ noch verbrennen.“

Da entgegnet Mark: „ [10] ______ finde es hier so schön. Die Sonne gefällt [11] ______ . Lass [12] ______ bitte noch eine Stunde am Strand! Auch mein kleines Kätzchen fühlt sich wohl. Die Wärme mag [13] ______ so gerne. Sie tut [14] ______ so gut. Ich mag [15] ______ gar nicht stören.“

Julia hat ihren Kopf mit einem Tuch bedeckt. Es ist [16] ______ natürlich auch nicht recht, dass die Eltern auch [17] ______ holen wollen. Deswegen tut sie so, als ob [18] ______ schliefe.

Mutter sagt zu Mark: „Möchtest [19] ______ nicht ein Eis essen? Wir kaufen [20] ______ ein Eis. Wir können [21] ______ aber nicht zum Eiscafé tragen.“ Das lässt sich Mark natürlich nicht zweimal sagen. Schnell springt [22] ______ auf. Die Hauptsache ist, dass die Eltern [23] ______ jetzt mitnehmen. Die Sonne ist [24] ______ nun egal.

Personalpronomen stehen für Lebewesen, unbelebte und gedachte Dinge. Sie können in vier verschiedenen Fällen stehen. Nur der Genitiv wird selten benutzt. Nach jedem Fall fragt man anders.

Beachte:
Am Satzanfang musst du die Pronomen natürlich großschreiben.

		Singular (Einzahl)				
		1. Person	2. Person	3. Person		
				Maskulinum	Femininum	Neutrum
1. Nominativ	wer oder was?	ich 24	du 10	er 22	sie 6	es 1
2. Genitiv	wessen?	meiner	deiner	seiner	ihrer	seiner
3. Dativ	wem?	mir 8	dir 7	ihm 12	ihr 14	ihm 21
4. Akkusativ	wen oder was?	mich 4	dich 23	ihn 20	sie 9	es 17

		Plural (Mehrzahl)		
		1. Person	2. Person	3. Person
1. Nominativ	wer oder was?	wir 11	ihr 19	sie 18
2. Genitiv	wessen?	unser	euer	ihrer
3. Dativ	wem?	uns 2	euch 3	ihnen 13
4. Akkusativ	wen oder was?	uns 16	euch 5	sie 15

Possessivpronomen

Possessivpronomen zeigen den Besitz an.

Jeder sorgt für seine eigenen Sachen.

Suche die passenden Possessivpronomen.

Nr.	Satz	Nr.	Satz
1	Sie waschen ___ Autos.	2	Es sieht ___ Hund.
3	Sie putzt ___ Bad.	4	Wir fegen ___ Treppenhaus.
5	Wir säubern ___ Wohnung.	6	Ihr poliert ___ Besteck.
7	Ihr reinigt ___ Gehweg.	8	Wir bürsten ___ Mantel.
9	Ihr schneidet ___ Hecke.	10	Er stopft ___ Strümpfe.
11	Sie malen ___ Zaun.	12	Er kämmt ___ Haar.

Wort	Nr.
euer	22
eure	19
euren	16
ihr	20
ihre	23
ihren	17
sein	15
seine	13
seinen	21
unser	24
unsere	14
unseren	18

Nr.	Satz	Nr.	Satz
13	Sie findet ___ Taschentuch wieder.	14	Sie strickt ___ Pulli.
15	Du isst ___ Apfel.	16	Er brät ___ Fleisch.
17	Du schreibst ___ Gedicht.	18	Er zeichnet ___ Mutter.
19	Sie näht ___ Kleider.	20	Ich suche ___ Hemd.
21	Ich füttere ___ Papagei.	22	Du reparierst ___ Boote.
23	Ich streichele ___ Puppe.	24	Er versorgt ___ Sohn.

Wort	Nr.
dein	3
deine	9
deinen	8
ihr	12
ihre	4
ihren	10
mein	5
meine	6
meinen	1
sein	11
seine	7
seinen	2

Anredepronomen in Briefen

Ja ☺ oder nein ☹ ?

Sind das Anredepronomen und die dazugehörigen Formen?

Die Anredepronomen „du“ und „ihr“ müssen nicht großgeschrieben werden.

Nur die Höflichkeitsanrede „Sie“ und das entsprechende Possessivpronomen „Ihr“ sowie die dazugehörigen gebeugten Formen schreibt man groß.

Horneburg, 10. Mai ...

Sehr geehrte Frau Sander,

schon bald nachdem **1** Sie ☺ 15 ☹ 16 weggezogen waren, haben **2** wir ☺ 13 ☹ 17 **3** Sie ☺ 14 ☹ 24 und **4** Ihren ☺ 16 ☹ 5 Hund Raudi vermisst. Dora und **5** ich ☺ 3 ☹ 13 waren wirklich sehr traurig über **6** Ihren ☺ 24 ☹ 19 Umzug. Dabei war **7** es ☺ 2 ☹ 5 ja schon lange bekannt, dass **8** Sie ☺ 3 ☹ 4 wegziehen wollten. Denn **9** Ihre ☺ 19 ☹ 18 Wohnung war **10** Ihnen ☺ 2 ☹ 21 viel zu groß und zu teuer. Jetzt wohnen **11** Sie ☺ 4 ☹ 23 direkt am Schlosspark. Auf der Hundewiese kann Raudi ungestört herumlaufen. Das findet **12** er ☺ 7 ☹ 18 bestimmt gut. Aber **13** wir ☺ 22 ☹ 21 können mit **14** ihm ☺ 11 ☹ 23 leider nicht mehr spazieren gehen. Vermisst **15** du ☺ 7 ☹ 20 **16** uns ☺ 6 ☹ 22 denn gar nicht, Raudi? Ohne **17** dich ☺ 11 ☹ 9 ist **18** es ☺ 1 ☹ 20 hier sehr langweilig geworden. Weil **19** wir ☺ 12 ☹ 6 deswegen so traurig sind, will Papa **20** uns ☺ 10 ☹ 9 jetzt einen Hund kaufen.

Sehr geehrte Frau Sander, **21** wir ☺ 8 ☹ 1 sollen **22** Sie ☺ 12 ☹ 15 auch recht herzlich von **23** unseren ☺ 17 ☹ 10 Eltern grüßen.

24 Ihre ☺ 8 ☹ 14 Dora und Christina

Verschiedene Verben

Was ist das für ein Verb?

Nach ihrer Bedeutung kann man die Verben in drei Gruppen einteilen:

1. <u>Handlungsverben</u> bezeichnen eine bewusste Tätigkeit, z.B.: lesen, rechnen.
2. <u>Vorgangsverben</u> bezeichnen Vorgänge, die wie von selbst ablaufen, z.B.: blühen, wachsen.
3. <u>Zustandsverben</u> bezeichnen einen ruhenden Zustand oder etwas Bleibendes, z.B.: sitzen, stehen.

Nr.	Verb	Handlungsverb	Vorgangsverb	Zustandsverb
1	reiben	11	14	6
2	heißen	18	1	7
3	fallen	1	22	14
4	dämmern	6	12	23
5	bauen	15	18	2
6	verweilen	22	11	8
7	besitzen	9	19	1
8	leben	24	5	10
9	schreiben	21	2	12
10	wohnen	8	13	16
11	schneien	17	6	19
12	einkaufen	2	20	11

Zustandsverb	Vorgangsverb	Handlungsverb	Nr.	Verb
24	23	7	13	erfrieren
5	7	19	14	berichten
9	10	12	15	liegen
20	24	23	16	regnen
13	17	3	17	dauern
3	15	10	18	klopfen
15	8	14	19	erzählen
17	21	4	20	bleiben
22	3	13	21	gedeihen
4	16	20	22	singen
18	9	5	23	bestehen
21	4	16	24	sinken

Versteckte Verben

Suche das Verb, das in dem Nomen steckt.

Nr.	Nomen	Verb	
1	Schub	binden	5
2	Absatz	blasen	14
3	Nachwuchs	brechen	11
4	Gepäck	denken	1
5	Schloss	fliegen	8
6	Gesang	klingen	21
7	Bruch	kommen	12
8	Abstand	mahlen	6
9	Sog	mästen	10
10	Ausflug	packen	15
11	Schnitt	pfeifen	22
12	Herkunft	saugen	20
13	Klang	schieben	16
14	Getränk	schließen	7
15	Einwurf	schneiden	4
16	Pfiff	schwinden	2
17	Mühle	schwören	9
18	Gebläse	setzen	24
19	Band	singen	23
20	Mast	springen	18
21	Schwund	stehen	3
22	Vorsprung	trinken	17
23	Schwur	wachsen	19
24	Gedanke	werfen	13

Nr.	Nomen	Verb	
1	Kniff	dämmen	2
2	Geruch	fahren	15
3	Einsicht	fallen	20
4	Ritt	finden	13
5	Flucht	fliehen	12
6	Auftrieb	gehen	10
7	Schliche	genießen	21
8	Gang	kneifen	16
9	Abrieb	malen	22
10	Waage	messen	19
11	Genuss	reiben	18
12	Maß	reiten	3
13	Gewächs	riechen	14
14	Damm	schleichen	8
15	Stich	schreiten	7
16	Fuhre	schwingen	9
17	Gefälle	sehen	5
18	Zug	sprechen	11
19	Schritt	stechen	6
20	Gemälde	treiben	1
21	Zwang	wachsen	4
22	Fund	wiegen	23
23	Schwung	ziehen	17
24	Sprache	zwingen	24

Verben suchen

Welches Wort ist ein Verb?

1 Scharfe SÄGEN 3 können dickes Holz SÄGEN 4 .

2 Schwere WALZEN 23 WALZEN 13 alles platt.

3 Sie LÖFFELN 18 ihre Suppe mit LÖFFELN 14 .

4 Mit vielen PROBEN 19 PROBEN 3 wir die Aufführung.

5 Kinder BLASEN 23 gerne BLASEN 10 mit Seifenwasser.

6 In HORTEN 17 sollte man kein Geld HORTEN 14 .

7 Wir KIPPEN 19 die KIPPEN 24 in den Müll.

8 Lehrer LEHREN 10 uns für später viele LEHREN 9.

9 BREMSEN 20 können gut fliegen und BREMSEN 17 .

10 Nur Schneider SCHNEIDERN 24 SCHNEIDERN 16 Kleider.

11 Die Rennfahrer KURVEN 9 durch KURVEN 1 .

12 Bei den KREUZEN 5 KREUZEN 20 sich zwei Wege.

13 Wir BETTEN 16 die Kranken in BETTEN 15 .

14 Mit SPRITZEN 7 kann man Wasser SPRITZEN 1 .

15 Maurer KARREN 5 Sand mit großen KARREN 6 .

16 Alle Gäste TAFELN 15 ohne TAFELN 8 .

17 Lästige FLIEGEN 22 FLIEGEN 7 überall hin.

18 Die PFEIFEN 11 der Schiedsrichter PFEIFEN 6 laut.

19 Sie HACKEN 8 das Unkraut mit HACKEN 2 .

20 Gute Wirte DECKEN 22 Tische mit schönen DECKEN 21 .

21 Mit ANGELN 12 können wir Fische ANGELN 11 .

22 Die Kühe WEIDEN 2 auf fetten WEIDEN 4 .

23 In BOXEN 13 sollte man nicht BOXEN 21 .

24 Bei Erdbeben können SPALTEN 18 Straßen SPALTEN 12 .

Die Hilfsverben haben, sein und werden

Die Formen der Hilfsverben **haben** und **sein** braucht man für die Bildung der Zeitstufen Perfekt und Plusquamperfekt.
Die Formen des Hilfsverbs **werden** braucht man für die Bildung des Futurs.
Die Hilfsverben können aber auch wie Vollverben verwendet werden.
Beispiele: Ich habe ein Fahrrad. – Sie ist Schiedsrichterin. – Er wird ein Star.

Ergänze die richtige Verbform.

1 Wir ___ im Wald.
2 Ralf ___ Mechatroniker.
3 Du ___ keine Angst.
4 Ich ___ Langeweile.
5 Nele und Tom haben Training.
6 Ich ___ lebendig.
7 Ihr ___ leise.
8 Theo ___ Ahnung.
9 Du ___ Astronaut.
10 Ihr ___ Taschengeld.
11 Resi und Rosi ___ satt.
12 Wir ___ Schmerzen.

		Präsens (Gegenwart)		
Singular	1. Person	ich habe 11	ich bin 7	ich werde
	2. Person	du hast 9	du bist	du wirst 10
	3. Person	er, sie, es hat 6	er, sie, es ist	er, sie, es wird 8
Plural	1. Person	wir haben 1	wir sind 12	wir werden
	2. Person	ihr habt 3	ihr seid 2	ihr werdet
	3. Person	sie haben 4	sie sind	sie werden 5

13 Axel ___ eine Idee.
14 Ihr ___ Sieger.
15 Du ___ Pech.
16 Wir ___ glücklich.
17 Du ___ jung.
18 Wir ___ Durst.
19 Das Kaninchen ___ im Stall.
20 Alle ___ Zeugnisse.
21 Die Eltern ___ allein.
22 Ich ___ kein Geld.
23 Ihr ___ viel Freude.
24 Ich ___ nass.

		Präteritum (1. Vergangenheit)		
Singular	1. Person	ich hatte 19	ich war	ich wurde 15
	2. Person	du hattest 22	du warst 14	du wurdest
	3. Person	er, sie, es hatte 24	er, sie, es war 13	er, sie, es wurde
Plural	1. Person	wir hatten 21	wir waren	wir wurden 23
	2. Person	ihr hattet 17	ihr wart	ihr wurdet 20
	3. Person	sie hatten 18	sie waren 16	sie wurden

Die Zeitformen Präsens, Präteritum und Perfekt

Bestimme die Person, die Zahl und die Zeit.

Das **Präsens** verwendet man, wenn etwas gerade geschieht.
Das **Präteritum** gebraucht man bei früheren Ereignissen, z.B.: Es war einmal ...
Das **Perfekt** bezeichnet ein Geschehen, das abgeschlossen ist und manchmal bis in die Gegenwart hineinwirkt. Es wird oft im Bericht verwendet, z.B.: Gestern habe ich Fischreiher am Fluss beobachtet. (Jetzt weiß ich, wo sie sind.)

1 Sie hat gerufen.
2 Es zögerte.
3 Ich verlor.
4 Sie haben gefragt.
5 Ich sitze.
6 Du hast geprobt.
7 Ihr hieltet.
8 Sie dienen.
9 Sie wuchs.
10 Er fesselt.
11 Wir haben gebraten.
12 Es tauscht.
13 Ich bin gewandert.
14 Sie genossen.
15 Wir sparen.
16 Du rietst.
17 Sie druckt.
18 Es hat verziehen.
19 Ihr habt gebaut.
20 Du rennst.
21 Er hat gezeigt.
22 Er schwor.
23 Wir leugneten.
24 Ihr melkt.

		Präsens	Präteritum	Perfekt
Singular	1. Person	11	24	9
	2. Person	22	10	20
	3. Person	M 12 F 1 N 8	M 14 F 23 N 19	M 5 F 4 N 18
Plural	1. Person	17	21	16
	2. Person	6	7	2
	3. Person	15	13	3

M = Maskulinum, F = Femininum, N = Neutrum

Noch einmal: die Zeitformen Präsens, Präteritum und Perfekt

Schau in jeder Zeile nach links oder rechts, damit du weißt, um welches Verb es sich handelt.

Welche Verbformen fehlen?

Präsens	Präteritum	Perfekt
Wir kochen.	Wir 9 ______ .	Wir 17 ______ .
Du 1 ______ .	Du schlichst.	Du 18 ______ .
Es 2 ______ .	Es 10 ______ .	Es ist gegangen.
Ich halte.	Ich 11 ______ .	Ich 19 ______ .
Sie 3 ______ .	Sie sprangen.	Sie 20 ______ .
Er 4 ______ .	Er 12 ______ .	Er hat gelesen.
Ihr lauft.	Ihr 13 ______ .	Ihr 21 ______ .
Du 5 ______ .	Du begannst.	Du 22 ______ .
Sie 6 ______ .	Sie 14 ______ .	Sie haben gewunken.
Sie kommt.	Sie 15 ______ .	Sie 23 ______ .
Ihr 7 ______ .	Ihr grubt.	Ihr 24 ______ .
Ich 8 ______ .	Ich 16 ______ .	Ich bin gereist.

beginnst	3	kochten	15	schleichst	13	seid gelaufen	21
geht	17	las	18	springen	4	sind gesprungen	19
ging	16	liest	2	winken	6	habe gehalten	12
grabt	5	lieft	7	winkten	11	haben gekocht	23
hielt	14	reise	1	bist geschlichen	22	habt gegraben	10
kam	9	reiste	20	ist gekommen	8	hast begonnen	24

Die Zeitformen Perfekt, Plusquamperfekt und Futur

Bestimme die Person, die Zahl und die Zeit.

Das **Plusquamperfekt** (Vorvergangenheit) wird für Vergangenes verwendet, das früher als Perfekt oder Präteritum passiert ist.

Plusquamperfekt und **Futur** werden nicht so häufig gebraucht.

Das **Perfekt** wird häufiger beim Erzählen verwendet. Siehe Seite 16.

Das **Futur** (Zukunft) beschreibt ein zukünftiges Geschehen.

1 Du warst geflüchtet.

2 Wir werden zupacken.

3 Sie haben gespendet.

4 Ihr werdet kündigen.

5 Sie hatte geplaudert.

6 Er ist angekommen.

7 Ich werde einkehren.

8 Ihr hattet eingekauft.

9 Sie werden hungern.

10 Ich habe abgezeichnet.

11 Es war gestorben.

12 Wir sind vorgelaufen.

13 Sie hatten geruht.

14 Du wirst überlegen.

15 Es wird regnen.

16 Du bist abgesprungen.

17 Er wird zuhören.

18 Ihr seid geblieben.

19 Er hatte gewunken.

20 Sie hat gekegelt.

21 Ich hatte gearbeitet.

22 Sie wird trainieren.

23 Wir waren verschwunden.

24 Es hat gebrannt.

		Perfekt	Plusquamperfekt	Futur
Singular	1. Person	6	17	1
	2. Person	21	9	19
	3. Person	M 8 / F 15 / N 12	M 14 / F 5 / N 3	M 7 / F 20 / N 23
Plural	1. Person	2	16	13
	2. Person	24	4	10
	3. Person	18	22	11

M = Maskulinum, F = Femininum, N = Neutrum

Wiederholung der Zeitformen Perfekt, Plusquamperfekt und Futur

Welche Zeitform ist das?

Satz	Präsens	Präteritum	Perfekt	Plusquamperfekt	Futur	Satz
1 Es freute sich.	19	6	13	17	11	
	6	1	12	15	4	13 Du bist zurückgelaufen.
2 Wir werten etwas aus.	2	15	7	23	10	
	14	4	18	12	8	14 Er wird etwas vergessen.
3 Sie hatte sich gewundert.	11	21	24	3	19	
	18	10	1	22	16	15 Ich schaute weg.
4 Ihr werdet abwaschen.	13	8	20	11	5	
	5	14	11	4	1	16 Wir sind weggefahren.
5 Es überlegt.	16	20	23	2	9	
	7	16	10	5	20	17 Es wird schneien.
6 Du warst losmarschiert.	20	24	6	1	22	
	9	13	17	10	14	18 Sie versprechen etwas.
7 Ich habe etwas erlernt.	24	9	14	16	21	
	1	23	5	19	13	19 Ich war hergekommen.
8 Sie leuchteten etwas an.	21	18	2	8	23	
	8	12	15	6	24	20 Sie wird etwas nachsenden.
9 Wir haben etwas verschwiegen.	12	19	4	9	2	
	4	22	8	14	3	21 Ihr gabt etwas zu.
10 Er kündigt etwas an.	15	2	22	21	17	
	10	5	16	7	12	22 Du hattest etwas eingefärbt.
11 Ich hörte auf.	22	17	3	24	6	
	23	3	9	20	15	23 Ihr seht zu.
12 Wir waren eingesprungen.	17	7	19	13	18	
	3	11	21	18	7	24 Sie haben sich umgedreht.

Partizip II (Partizip Perfekt)

Für die Bildung einiger Zeitformen brauchst du das **Partizip II**.
Die häufigste zusammengesetzte Zeitform ist das Perfekt. Es wird aus den Formen von **haben** und **sein** gebildet: Er **hat gelesen.** Sie **sind geflogen.**

Suche den passenden Infinitiv.

Nr.	Partizip II	Infinitiv	
1	geritten	backen	20
2	gegoren	befehlen	16
3	gesprochen	benutzen	17
4	gestrichen	binden	18
5	befohlen	bitten	9
6	gerungen	brennen	15
7	gestorben	gären	7
8	gewonnen	gebären	4
9	gestunken	gedeihen	1
10	gebrannt	gehen	19
11	gestritten	gewinnen	6
12	gediehen	greifen	14
13	gerufen	raten	13
14	gebacken	reiten	11
15	geronnen	rennen	3
16	gestochen	ringen	8
17	geraten	rinnen	10
18	gebeten	rufen	24
19	gegriffen	sprechen	22
20	benutzt	stechen	23
21	gerannt	sterben	2
22	gegangen	stinken	21
23	gebunden	streichen	12
24	geboren	streiten	5

Suche das passende Partizip II.

Nr.	Infinitiv	Partizip II	
1	schlingen	geflochten	15
2	lügen	geflohen	18
3	laden	gefochten	22
4	springen	gefroren	12
5	verstehen	geladen	21
6	schleichen	gelassen	5
7	lassen	gelesen	17
8	speien	gelogen	11
9	fechten	geschieden	1
10	flechten	geschlagen	4
11	schwellen	geschlichen	24
12	frieren	geschliffen	10
13	schmelzen	geschlungen	19
14	werfen	geschmolzen	13
15	schleifen	geschwollen	2
16	spalten	geschwungen	6
17	lesen	gespalten	20
18	winden	gespien	7
19	schwingen	gesponnen	14
20	scheiden	gesprungen	8
21	schlagen	gewiesen	3
22	fliehen	geworfen	23
23	spinnen	gewunden	9
24	weisen	verstanden	16

Infinitiv, Partizip I oder Partizip II?

Welche Verbform passt?

Nr.	Satz	Verbform	Zahl
1	Wir schafften den 1000-m-Lauf nur ______ .	keuchen	9
2	Schon nach 500 m haben viele Läufer ______ .	keuchend	23
3	Trotzdem haben die Zuschauer laut ______ .	gekeucht	19
4	Denn sie wollten unbedingt ______ .	jubeln	12
5	Und die Läufer wollten natürlich nicht ______ .	jubelnden	8
6	Die ______ Zuschauer waren begeistert.	gejubelt	10
7	Beide Kinder wollten auf dem Spielplatz ______ .	lernen	21
8	Die Mütter riefen die ______ Kinder herein.	lernend	24
9	Sie sollten endlich anfangen zu ______ .	gelernt	22
10	Das Mädchen hat dann am Nachmittag fleißig ______ .	spielen	7
11	Auch der Junge saß später ______ an seinen Büchern.	spielenden	11
12	Erst am Abend haben sie dann wieder ______ .	gespielt	20
13	Auf dem Ponyhof sind die Kinder jeden Tag ______ .	reiten	3
14	Ihre Eltern standen mit großen Augen ______ am Gatter.	reitenden	18
15	Alle Kinder konnten ganz schnell ______ .	geritten	5
16	Dann machten die ______ Kinder eine Vorführung.	staunen	16
17	Dabei haben die Eltern wieder ______ .	staunend	1
18	„Über eure Reitkünste müssen wir wirklich ______ !“	gestaunt	13
19	Nach dem Regen wurde der Bach zu einem ______ Fluss.	reißen	6
20	Viele Menschen haben sich auf einen Hügel ______ .	reißenden	2
21	Der ______ Hügel lag zum Glück nicht weit weg.	gerissen	14
22	Aber der Fluss hat viele Tiere mit sich ______ .	retten	4
23	Die Flut konnte sogar Bäume aus der Erde ______ .	rettende	15
24	Zum Glück konnten sich alle ______ .	gerettet	17

Aus Nomen abgeleitete Adjektive

Mit welcher Nachsilbe wird aus dem Nomen ein Adjektiv?

	-lich	-ig	-isch
1 PFIFF	20	23	4
2 RECHT	16	3	10
3 STAUB	3	20	13
4 RAHM	13	24	2
5 PEIN	7	10	24
6 JURIST	23	1	15
7 FILM	19	8	3
8 EHE	11	15	19
9 VORRANG	2	19	9
10 TIER	15	17	8
11 WIRTSCHAFT	12	18	5
12 SUMPF	8	4	16
13 ZIER	17	7	1
14 NEID	4	11	21
15 FLECK	22	13	20
16 FLORIST	6	12	18
17 WELT	10	21	7
18 RHEIN	5	22	14
19 MEISTER	9	16	11
20 SCHULD	18	5	23
21 SICHT	1	14	12
22 SOLDAT	24	6	22
23 OZEAN	14	9	6
24 HAAR	21	2	17

	-lich	-ig	-isch
1 METALL	10	17	12
2 GLAS	19	9	11
3 ERNST	7	16	6
4 BUSCH	4	11	19
5 VERRÄTER	9	22	1
6 TEIG	16	10	22
7 SPORT	21	24	18
8 MALER	14	15	5
9 STOFF	8	12	9
10 ELEND	23	2	24
11 NACHTEIL	13	6	17
12 FRAU	22	3	10
13 TÄNZER	1	4	23
14 OPTIMIST	11	13	3
15 ZIPFEL	5	19	2
16 MONAT	24	5	7
17 BRIEF	15	1	14
18 KUGEL	2	20	8
19 DICHTER	6	21	16
20 PREIS	18	7	15
21 HORN	12	14	20
22 REBELL	20	23	4
23 FÜRST	17	8	21
24 KAPITALIST	3	18	13

Adjektive suchen

Ist das ein Adjektiv? Ja oder nein?

Wenn du nicht weißt, ob ein Wort ein Adjektiv ist, probiere aus, ob es in die Lücke des folgenden Satzes passt:
Ein ... Eumel weiß einfach alles.

In der **1** ehemaligen ☺ 14 ☹ 13 Hamburger Domkirche gab es einen **2** merkwürdigen ☺ 16 ☹ 5 Grabstein mit einem Esel **3** darauf ☺ 15 ☹ 17. Dieser stand **4** aufrecht ☺ 13 ☹ 3 auf den **5** beiden ☺ 19 ☹ 5 Hinterbeinen. Mit den Vorderfüßen hielt er **6** artig ☺ 15 ☹ 18 eine Sackpfeife, **7** worauf ☺ 24 ☹ 3 er blies. Dieser Grabstein stand auf dem Grab einer ehemals **8** reichen ☺ 19 ☹ 2 Frau. Zu **9** ihr ☺ 4 ☹ 18 war **10** einmal ☺ 1 ☹ 24 ein **11** armer ☺ 2 ☹ 21 Verwandter gekommen und hatte sie um **12** ihre ☺ 23 ☹ 4 Unterstützung gebeten. Sie verweigerte ihm **13** aber ☺ 20 ☹ 1 die Hilfe. Als er sie **14** daran ☺ 10 ☹ 21 erinnerte, wie **15** unbeständig ☺ 23 ☹ 6 das Glück sein kann, entgegnete sie: „Es kann ein Esel **16** eher ☺ 9 ☹ 20 Dudelsack pfeifen lernen, als dass ich verarmen könnte.“ Bald **17** darauf ☺ 8 ☹ 10 wurde sie aber **18** bitterarm ☺ 6 ☹ 12. Eines Tages sah sie einen **19** musikalischen ☺ 9 ☹ 22 Esel, der **20** wunderbar ☺ 8 ☹ 7 Dudelsack spielen konnte. Nun erinnerte sie **21** sich ☺ 11 ☹ 12 an ihren **22** unvorsichtigen ☺ 22 ☹ 14 Ausspruch. Als sie **23** dann ☺ 16 ☹ 7 starb, erhielt sie diesen **24** besonderen ☺ 11 ☹ 17 Grabstein zur Warnung der Nachwelt.

Text: nach einer niederdeutschen Sage

Steigerung der Adjektive

Welche Steigerungsform ist das?

Mit Adjektiven kann man die Eigenschaften von Lebewesen und Dingen vergleichen.

Positiv (Grundstufe): Max ist **groß**.
Komparativ (Höherstufe): Max ist **größer** als Philipp.
Superlativ (Höchststufe): Max ist **am größten**. Max ist der **größte** Junge.

Manche Adjektive kann man nur unregelmäßig steigern, z.B.:
viel – mehr – am meisten,
gut – besser – am besten,
hoch – höher – am höchsten

Nr.	Adjektiv	Positiv (Grundstufe)	Komparativ (Höherstufe)	Superlativ (Höchststufe)
1	trauriger	5	11	3
2	gehorsam	7	2	6
3	gesünder	10	4	11
4	am saubersten	2	9	12
5	am tapfersten	12	1	10
6	liebevoll	8	7	4

Superlativ (Höchststufe)	Komparativ (Höherstufe)	Positiv (Grundstufe)	Nr.	Adjektiv
8	12	1	7	hilfsbereit
7	5	9	8	härter
5	8	3	9	gefährlich
9	10	4	10	am süßesten
1	6	11	11	sparsamer
2	3	6	12	am schärfsten

Überlege, warum eine Steigerung bei einigen Adjektiven nicht sinnvoll ist.

Suche die Adjektive heraus, die man nicht steigern kann.

Nr.	Adjektiv	Zahl	Nr.	Adjektiv	Zahl	Nr.	Adjektiv	Zahl	Nr.	Adjektiv	Zahl
13	fähig	15	14	zappelig	16	15	dreckig	22	16	schriftlich	24
	aufmerksam	24		lila	19		tolerant	15		friedlich	18
	einzig	23		großzügig	14		dreieckig	16		stürmisch	20
17	jährlich	13	18	schwierig	23	19	kräftig	21	20	aufgeregt	19
	höflich	16		gehässig	13		riesengroß	14		nackt	17
	bleich	21		mausetot	15		ehrlich	18		bösartig	24
21	interessant	14	22	steinreich	20	23	unrettbar	18	24	kühl	17
	gerade	21		freigiebig	22		schlank	23		hässlich	20
	feucht	17		müde	19		elegant	13		kinderlos	22

Präpositionen

Welche Präposition passt hier am besten?

Nr.	Satz	Präposition	
1	Ein Junge schläft ____ des Unterrichts.	auf	1
2	Eine Landkarte hängt ____ der Tafel.	aus	3
3	Ein Bleistift fällt ____ den Boden.	außerhalb	9
4	Ein Mädchen rechnet ____ dem Taschenrechner.	durch	7
5	Die Lehrerin geht ____ die Klasse.	mit	5
6	Ein blonder Junge schaut ____ dem Fenster.	neben	4
7	Ein Schornsteinfeger arbeitet ____ der Schule.	ohne	11
8	Er balanciert ____ ein Hilfsmittel auf dem Dach.	über	12
9	Zwei Jungen streiten sich ____ eine Schere.	um	2
10	Ein Mädchen mit Zöpfen schaut ____ den Jungen hin.	während	6
11	Eine Papierschwalbe fliegt ____ die Lehrerin hinweg.	wegen	10
12	Die Lehrerin ist ____ der Störung nicht erfreut.	zu	8

Präpositionen mit dem Dativ oder dem Akkusativ

		Wo? Dativ – 3. Fall	Wohin? Akkusativ – 4. Fall		
1	vor den Supermarkt	2 7	1 8	13	in dem Lokal
2	über das Feld	17 22	4 9	14	unter den Korb
3	in der Ratsstube	6 11	3 12	15	an dem Schalter
4	hinter die Schule	15 21	2 8	16	vor das Kino
5	neben dem Marktplatz	17 19	13 22	17	auf den Gipfel
6	unter den Grabstein	5 12	3 23	18	hinter der Theke
7	hinter dem Stadttor	15 21	18 10	19	zwischen den Wegen
8	auf dem Giebel	13 20	14 19	20	neben die Tonne
9	neben das Denkmal	16 23	5 24	21	unter dem Dach
10	über dem Hotel	18 1	7 10	22	vor die Lampe
11	in die Wohnung	9 20	14 4	23	an dem Trafo
12	vor der Dorfstraße	16 6	11 24	24	in das Gebäude

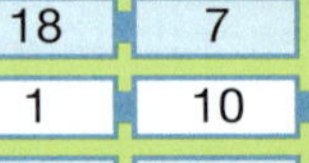

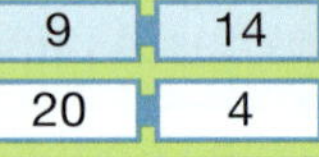

Präpositionen und drei verschiedene Fälle

In welchem Fall stehen die Wörter (Artikel und Nomen) nach den Präpositionen?

So geht das: **1** Frage: bei **wem?** ▸ Dativ (3.Fall)

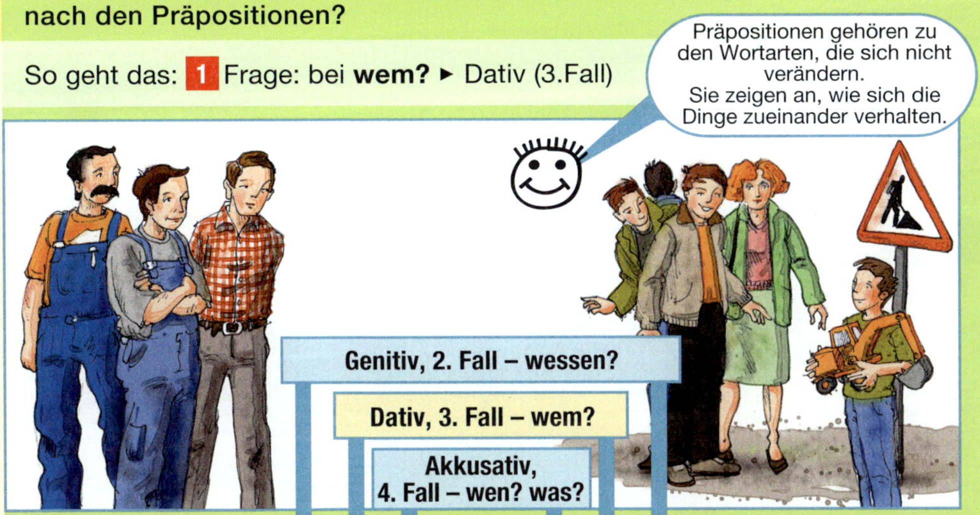

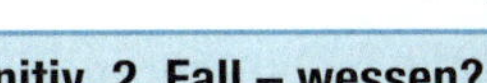

Dativ, 3. Fall – wem?

Akkusativ, 4. Fall – wen? was?

Nr.	Präposition	Genitiv	Dativ	Akkusativ		Akkusativ	Dativ	Genitiv	Nr.	Präposition
1	bei der Schranke	22	13	23		12	7	1	13	während der Sendungen
2	ohne eine Schaukel	19	18	15		3	24	13	14	um eine Ecke
3	mit einem Bagger	16	6	14		10	5	17	15	von der Stadt
4	oberhalb der Wolken	2	23	5		6	14	8	16	aus einem Wald
5	außer dem Wagen	20	11	21		1	9	21	17	statt eines Stiftes
6	ungeachtet des Gesetzes	4	3	13		18	15	11	18	durch ein Fenster
7	für einen Gast	14	1	9		4	10	15	19	gegenüber dem Zelt
8	inmitten der Leute	7	12	16		19	17	9	20	ohne einen Freund
9	gegen ein Schild	5	8	17		2	20	23	21	außerhalb des Parkverbots
10	wegen des Wetters	24	2	7		22	16	3	22	seit dem Wechsel
11	durch den Sand	10	21	20		8	19	6	23	für einen Fahrer
12	nach einer Pause	18	22	11		24	4	12	24	unterhalb des Gipfels

Die Artikel nach Präpositionen im Genitiv, Dativ oder Akkusativ

Welche Form des Artikels passt?

So geht das:

1 Frage: um **wen**? ▸ Akkusativ (4.Fall)

wessen? **Genitiv (2. Fall)**	**wem?** **Dativ (3. Fall)**	**wen?** **Akkusativ (4. Fall)**

Nr.	Satz	Genitiv	Dativ	Akkusativ
1	Die Klasse 6A fuhr gemeinsam mit Fahrrädern um ____ Badesee.	des 8	dem 3	den 6
2	Neben ____ See befand sich ein kleines Wäldchen.	des 6	dem 9	den 10
3	Bei ____ Eichen machten sie erschöpft Rast.	der 2	den 1	die 11
4	Ein Tannenwald lag oberhalb ____ Eichenwaldes.	des 5	dem 6	den 12
5	Wegen ____ kleinen Unfalls verspäteten sie sich etwas.	eines 7	einem 11	einen 9
6	Die Gruppe wurde aber von ____ Pannendienst begleitet.	eines 3	einem 10	einen 5
7	Der weitere Weg führte dann durch ____ Lärchenwald.	eines 10	einem 7	einen 3
8	Jenseits ____ Waldes wartete schon der Bus.	des 11	dem 4	den 1
9	Er sollte sie zu ____ Campingplatz bringen.	des 4	dem 2	den 7
10	Unterwegs fuhr der Bus gegen ____ Reh.	eines 1	einem 12	ein 8
11	Das geschah inmitten ____ Waldgebietes.	eines 12	einem 5	ein 2
12	Das waren dann genug Abenteuer für ____ Tag.	des 9	dem 8	den 4

Aussagen, Fragen, Ausrufe, Aufforderungen

Kennst du diese Satzarten?

		Aussagesatz	Fragesatz	Ausrufesatz	Aufforderungssatz
1	Wenn jemand etwas wissen will, dann handelt es sich um einen ____.	4	7	11	9
2	In einem ____ wird etwas gesagt, festgestellt oder behauptet.	9	6	1	3
3	Mit einem ____ wird jemand aufgefordert etwas zu tun. Am Satzanfang steht die Befehlsform des Verbs.	10	2	6	12
4	Ein meistens lauter Ausruf mit sehr starken Gefühlen ist ein ____.	5	3	8	1

Welche Satzart ist das und welches Satzzeichen gehört an das Satzende?

		.	?	!	!
5	„Wer steht denn heute im Tor__"	1	5	12	11
6	„Hurra, endlich ein Tor__"	12	11	10	8
7	„Der Mittelstürmer hat einen schlechten Tag__"	3	8	4	7
8	„Wo bleibt da die Gerechtigkeit__"	7	1	5	2
9	„Es steht 2:1 für die Besseren__"	11	12	3	5
10	„Gib doch endlich den Ball ab__"	2	4	7	6
11	„Was für ein tolles Spiel__"	8	9	2	10
12	„Hol sofort den Ball wieder__"	6	10	9	4

Die Satzglieder: Umstellproben

Wie ist die Reihenfolge der Satzglieder im Satz?

Satzglieder erkennt man daran, dass sie beim Umstellen immer zusammenbleiben. Manche Satzglieder bestehen aus einem Wort, andere aus mehreren.

Satzglied	Frage
Subjekt	Wer? Was?
Prädikat	Was wird getan?
Dativ-Objekt	Wem?
Akkusativ-Objekt	Wen? Was?
Adverbial der Zeit	Wann?
Adverbial des Ortes	Wo?

Versuche einmal, die Satzteile umzustellen, wenn du alle Aufgaben gelöst hast.

Satzmuster:
- Adverbial des Ortes – Prädikat – Subjekt – Akkusativ-Objekt (Spalte 4)
- Subjekt – Prädikat – Akkusativ-Objekt – Adverbial der Zeit (Spalte 3)
- Adverbial der Zeit – Prädikat – Subjekt – Akkusativ-Objekt (Spalte 2)
- Subjekt – Prädikat – Dativ-Objekt – Akkusativ-Objekt (Spalte 1)

Nr.	Satz	Subjekt – Prädikat – Dativ-Objekt – Akkusativ-Objekt	Adverbial der Zeit – Prädikat – Subjekt – Akkusativ-Objekt	Subjekt – Prädikat – Akkusativ-Objekt – Adverbial der Zeit	Adverbial des Ortes – Prädikat – Subjekt – Akkusativ-Objekt
1	Das Schiff erreichte den Hafen zur Mittagszeit.	9	12	5	3
2	Täglich lernten die Kinder ihre Vokabeln.	7	1	12	6
3	Der Präsident übergab dem Botschafter ein Begrüßungsgeschenk.	4	8	10	2
4	Nach der Reise berichteten alle Teilnehmer ihre Erlebnisse.	12	6	9	8
5	Im Parlament beschlossen die Abgeordneten ein neues Gesetz.	3	7	1	10
6	Die Lehrerin erläuterte den Kindern die Matheaufgaben.	2	11	3	5
7	Die Rettungsschwimmer bewachten den Strand den ganzen Tag.	10	2	8	1
8	Am Trapez zeigten die Artisten viele Kunststücke.	5	9	4	12
9	In der Biologiestunde beobachtete die Schulklasse die Singvögel.	8	3	6	11
10	Vor der Werkstatt übergab der Meister das Fahrzeug.	1	4	11	9
11	Die Sparkasse spendete dem Waisenhaus einen größeren Geldbetrag.	11	5	2	7
12	Die Judokämpfer planten ein Turnier in den Herbstferien.	6	10	7	4

Die Adverbiale

Welche Adverbiale sind das?

Adverbiale (adverbiale Bestimmungen) sind Satzglieder, welche die genaueren Umstände eines Geschehens angeben.

Adverbiale	Fragen
... der Zeit	Wann? Seit wann? Wie lange? Bis wann?
... des Ortes	Wo? Woher? Wohin?
... der Art und Weise	Wie? Auf welche Art und Weise? Wie sehr?
... des Grundes	Warum? Weshalb? Aus welchem Grund?

Adverbiale können aus Adverbien (heute, dort, ...), Adjektiven (gut, schnell, ...) oder Ausdrücken mit Präpositionen bestehen (am Abend, im Garten, ...).

Adverbiale Bestimmung der Zeit – ... des Ortes – ... der Art u. Weise – ...des Grundes

	Zeit	Ortes	Art u. Weise	Grundes	Grundes	Art u. Weise	Ortes	Zeit	
1 wegen der Stimmung	14	19	24	3	21	12	17	9	13 seit Monatsbeginn
2 auf der Leiter	18	5	11	13	23	17	7	4	14 arglistig
3 bis zum Jahresende	2	14	4	8	6	3	13	7	15 hinter dem Busch
4 auf seinen Rat	16	8	18	4	19	8	16	10	16 für ein halbes Jahr
5 ohne Anstrengung	19	2	7	10	24	23	1	6	17 mühelos
6 vom Bahnhof	23	6	20	2	14	21	3	12	18 wegen der Dunkelheit
7 vor Freude	3	15	22	11	9	2	24	20	19 zur Reithalle
8 in drei Wochen	15	9	14	5	17	13	4	21	20 einst
9 bis zur Erschöpfung	11	21	1	16	22	19	10	5	21 mit lautem Geschrei
10 schließlich	8	18	9	12	18	15	11	13	22 aus Rache
11 unbemerkt	1	23	16	15	7	5	22	24	23 am Stadion
12 hier	22	12	10	1	20	6	20	17	24 darum

Objekte und Adverbiale

Bestimme die unterstrichenen Satzglieder.

Satzglieder erkennt man daran, dass sie beim Umstellen immer zusammenbleiben. Manche Satzglieder bestehen aus einem Wort, andere aus mehreren.

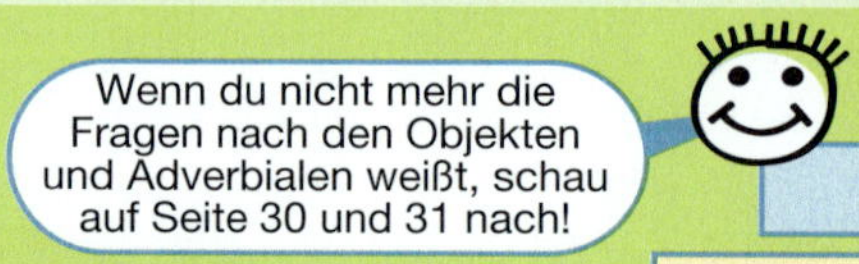

Wenn du nicht mehr die Fragen nach den Objekten und Adverbialen weißt, schau auf Seite 30 und 31 nach!

Nr.	Satz	Dativ-Objekt	Akkusativ-Objekt	Adverbial der Zeit	Adverbial des Ortes	Adverbial der Art und Weise	Adverbial des Grundes
1	Roboter verrichten *jeden Tag* wichtige Arbeiten.	14	24	21	19	22	13
2	Manchmal erledigen sie sogar *gefährliche Arbeiten*.	17	20	18	16	15	22
3	*Wegen dieser Fähigkeiten* sind sie für uns sehr wichtig.	24	16	14	21	18	23
4	Um Roboter herzustellen, braucht man *viele Ingenieure*.	16	22	20	23	13	15
5	*Im Inneren der Roboter* befinden sich kleine Bausteine, die Mikrochips genannt werden.	22	13	19	17	24	14
6	Roboter können *ausdauernd* 24 Stunden am Tag arbeiten.	21	15	23	13	19	20
7	Man braucht *ihnen* keine Pausen zu bezahlen.	13	19	16	22	23	18
8	Darum gibt es sie schon *in vielen Fabriken*.	23	17	13	15	21	19
9	*In Zukunft* werden es noch mehr sein.	20	23	24	18	16	17
10	*Manchen Leuten* nehmen sie aber auch die Arbeit weg.	18	14	15	24	17	21
11	*Deswegen* sind die Roboter nicht bei allen Menschen beliebt.	15	21	17	14	20	16
12	Diese beobachten das Vordringen der Roboter *mit großen Bedenken*.	19	18	22	20	14	24